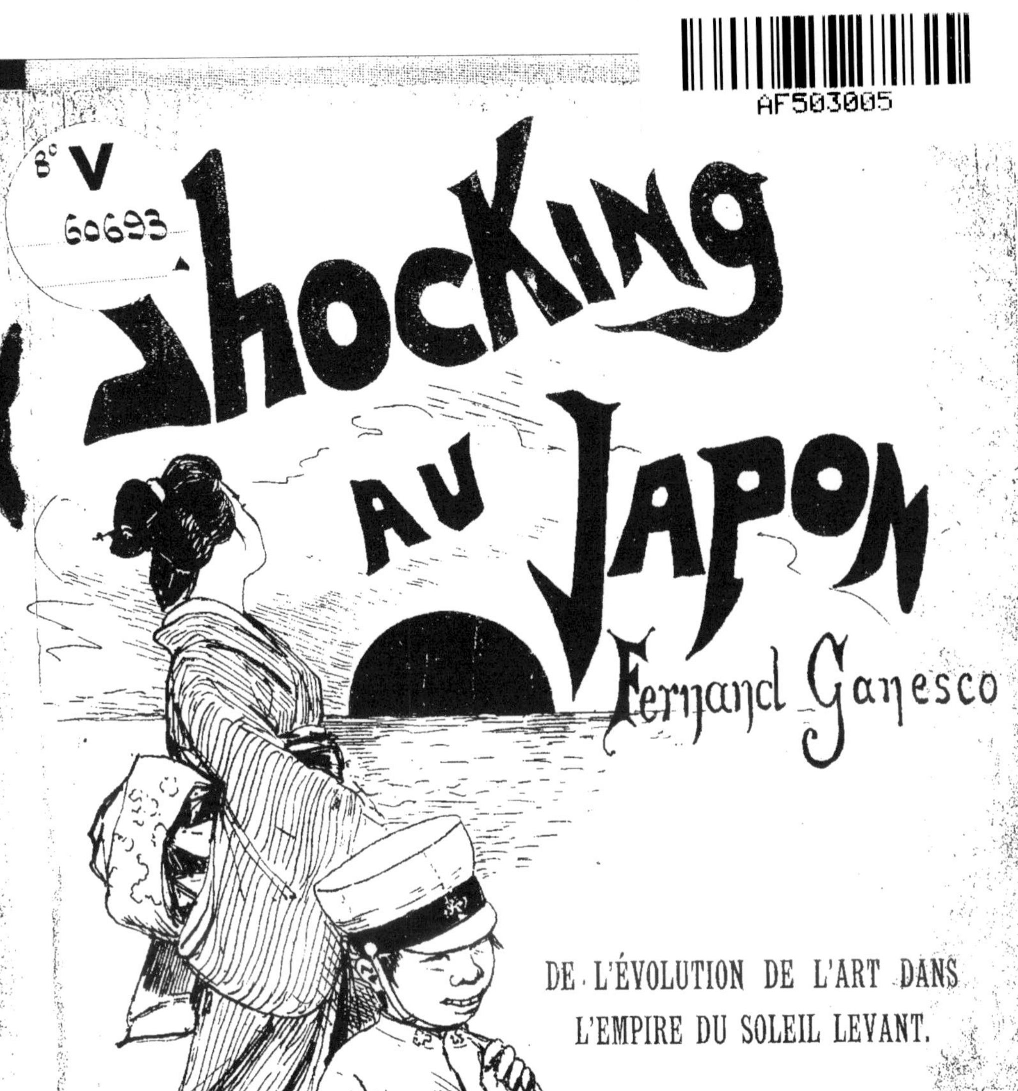

Shocking au Japon

Fernand Ganesco

DE L'ÉVOLUTION DE L'ART DANS L'EMPIRE DU SOLEIL LEVANT.

DESSINS
DE
GEORGES BIGOT.

PRÉFACE.

A. Messieurs F. Ganesco et G. Bigot.

Mes Chers Amis.

A quoi bon écrire des préfaces? Vous savez que, systématiquement, certains lecteurs les lisent, et certains autres les sautent, également persuadés que le "préfacier" se paie la récréation grauite de refaire en quelques lignes concentrées l'ouvrage qu'un ami confiant l'avait prié de présenter au public—Vous me dites que ces groupes ne sont pas tout le monde, et même que la majorité est généralemnnt friande de connaitre, avant de subir directement l'impression d'une œuvre, l'opinion qu'en a conçue un des familiers de l'auteur.

Honni soit qui mal y pense!

Il est des gens qui ne mordent pas et qui portent les ongles rognés court. Il est même de vrais camarades et des amis capables de contribuer à un succés et de s'en réjouir sincérement.

Et puis, vraiment, votre joli livre où le talent du dessinateur commente et souligne si heureusement dès la couverture, la spirituelle malice de l'écrivain, a-t-il besoin que quelqu'un le présente? ·

Vos deux noms suffisent, à qui, pendant la dernière guerre, a lu le *Figaro* ou le *Graphic*, à qui a feuilleté soit le *Tobae* soit un des nombreux albums qui, par la largeur et la précision du dessin, sont d'exquises œuvres d'art, par la finesse et l'exactitude de l'observation de véritables documents humains Japonais.

Et ce "qui" là c'est tout le monde, ou à peu près. On lira votre texte, on regardera vos planches et on vous placera dans la bibliothéque, au bon coin, à portée de la main, où l'on range les amis dont on ne se fatigue pas. Vous servirez souvent à oublier la pluie, ou à prendre, gaiement, au coin du feu, une revanche bien française des grincements du *samisen*.

Alors que puis-je faire ?

Le conseil municipal de Quinqueudonne, embarrassé par le docteur Ox et son préparateur ygéne, s'est tiré d'un mauvais pas en décidant qu'il ne décidait rien. Certaines cours de justice auraient parfois été bien inspirées en rendant semblables arrêts. Moi, pauvre, je n'aurais qu'à déclarer que je ne déclare rien et laisser au public le soin de faire à votre nouveau né l'excellent accueil qu'il mérite.

Ce serait la sagesse. Mais un journaliste ne peut pas garder pour lui ses reflexions. . . . Et puis la préface ? Conrard n'en a jamais commis une. . . . Bon gré mal gré donc, il faut risquer une opinion. Peut être les Japonais ne prendront-ils pas texte de là pour demander ma tête en même temps que les vôtres ?

Vous n'avez pourtant pas composé une satire vinaigrée, poivrée et pimentée comme une salade de créole ? Le Français n'a pas l'âme aussi noire, même quand il blague des amis.

Néanmoins, vous êtes de grands coupables ; et vous allez comprendre que votre cas est des plus grave et qu'il faut vraiment être votre ami pour s'embarquer dans votre galére.

Vous n'avez pas dit que les nudités étalées librement dans les rues des villes Japonaises, sous le moindre prétexte, atmosphérique ou autre, sont souvent inesthétiques et faites a souhait pour rendre chaste ou dégouter du nu. Vous avez tout bonnement ri, mais contagieusement, des airs effarouchés de ce peuple, en immense majorité sans culotte, devant un vertébré féminin qu'on aurait baptisé à Paris la Vénus du Pére Lachaise... Alors . . . . ? Oh ! attendez !

Vous n'avez même pas trouvé "shocking" ! que la récente guerre ait enroué tant de crieurs de "banzai !" fait hausser le prix des drapeaux, banderoles, lampions, accordéons et images colorieés, sans inspirer une œuvre sérieuse à un des artistes indigénes que nous avons vus à l'armée. Et vous avez épargné des fabricants de toile peinte qui, confondant balai avec pinceau et badigeon avec peinture, ont commis, sous le nom de Panoramas de Port Arthur et de Weï-haï-weï, deux des horreurs les nieux venues qu'offre la collection des contrefaçons européennes à la quatrème Exposition Nationale de Kyoto, (Japon.)

Alors qu'avons-nous fait ?direz-vous.

Les Japonais répondront Vous allez entendre une belle explosion de protestations indigneés contre votre jugement sur l'état actuel de l'Art en ce pays. Vous dites sérieusement, sincérement et hautement, que l'Art Japonais est en décadence ; qu'il produit routinièrement des oies, des canards, des cailles, des samouraïs en marche ou en train de combattre, des dragons vomissant abondamment du vermillon et de l'encre de Chine, des corbeaux clignant un œil tendre à d'invisibles charognes, des sages doly coccéphales, des bonzes ventripotents et des Bouddhas figés dans la béatitude de leur sourire égynétique.

Vous relevez, avec verve le manque d'inspiration, la froideur de ces sujets convenus et traités sans conviction par des ouvriers d'Art moins habiles que leurs devanciers. Vous démontrez qu'ils sont en train, d'oublier ce qu'ils savaient et sont loin de connaitre l'art européen que quelques uns ont la prétention d'avoir appris. Vous les avertissez que le mouvement forcené qui emporte le Japon tout entier, loin de toutes ses traditions, vers la contrefaçon littérale et plus ou moins adroite des modèles blancs sera mortel pour les artistes qui devraient être défendus contre les entrainements moutonniers par leurs habitudes d'intellectualisme !

Vous essayez même de les mettre en garde contre la manie de jouer au soldat en suggérant qu'en devenant une monarchie militaire ou politique conquérante, le Japon a tout à perdre et bien peu à gagner. Vous avez fait votre possible pour avertir des mille difficultés qu'on rencontre en jouant imprudemment avec les choses européennes nos amis les Japonais qui impriment gravement dans un document officiel : *"y compris quelques bœufs dont le sexe est inconnu."**

Voila votre crime, et voila ce qui est *Shocking au Japon !* Ah ! mes amis ! Que de regards flamboyants vont éclairer les bésicles vertes et les lunettes à verres fumés de Mesdemoiselles Omaé Souki, Anata Sourou, et de Messieurs Hanno Né et Watakouchi Wakarimasen ! Les Japonais apprendront à leurs petits enfants vos noms pour les maudire !

---

* Résumé Statistique de l'Empire du Japon, tableau No. 10, page 24, 28e. année de Meidji (1895).

Combien comprendront que vous leur faites entendre, sous la forme d'une critique joyense et bon enfant les plus nécessaire avertissements et les plus sages conseils. Ils sont tellement habitués aux flatteries exagérées qu'ils n'apprécieront ni le courage qu'il a fallu à deux espits indépendants pour soutenir une thése isolée et absolument contraire aux idées reçues, ni le sentiment d'amitié qu'atteste ce combat contre un préjugé tenace.

Et je crains qu'ils ne refusent d'admetre que la fraternité contractée avec leurs soldats autour des feux de bivouac, ou des gamelles, et sous le feu des Chinois, ne diminue en rien votre droit imprescriptible de voir clair, de juger juste et de dire franchment la vérité.

Ceci, c'est une idée blanche et, ma foi " Nihono-chto " " Wakaranai."

En attendant avec résignation le triste sort auquel nous nous exposons de compagnie, je vous serre bien cordialement, la main, en vous félicitant chaudement l'un et l'autre, et en vous souhaitant, en toute sincérité, le bon et nombreux public que mérite votre livre si français de langue, d'allure et d'esprit.

VILLETARD DE LAGUERIE,

Correspondant du " Temps."

Professeur d'Histoire de l'Université de France.

Yokohama, 5 Julliet, 1895.

SHOCKING AU JAPON!

DE L'ÉVOLUTION DE L'ART DANS L'EMPIRE DU SOLEIL LEVANT.

Un jour que j'étais en visite à Tokio chez un ancien ministre la conversation tomba sur les Beaux-Arts.

—" J'ai beaucoup voyagé, me dit l'Excellence déchue, et je connais particulièrement bien Paris. J'y ai rencontré partout des admirateurs enthousiastes de l'art japonais, et je ne crains pas d'affirmer que Paris est la ville du monde qui a le mieux compris peut-être nos différentes manifestations artistiques. Pensez-vous, Monsieur, que l'on continuera longtemps encore à nous aimer chez vous ?"

—" Pensez-vous, Monsieur, que l'on continuera longtemps encore chez vous à nous envoyer des chefs-d'œuvre ?

— Hélas ! répondit en soupirant mon très-honorable interlocuteur, si vous aimez le Beau faites en bien vite provision. Du train dont vont les choses nous n'aurons plus le droit dans vingt ans d'ici de réclamer votre admiration. L'Art japonais se meurt. Et c'est nous, j'entends les hommes de ma génération, qui lui fermerons les yeux.

A ce moment quelqu'un interrompit notre illustre hôte. C'était un jeune homme serré dans une redingote à la dernière mode qui s'était jusqu'alors montré fort loquace. Abordant tous les sujets il prétendait briller dans tous les genres. Il avait déja parlé de la religion comme un père de l'Eglise, des lettres comme un recteur de faculté, il voulut de nouveaū pérorer.

Pourquoi jeter, dit-il, ces cris d'alarme ? Notre art national n'est pas prêt de disparaître. Il ne subit même pas d'éclipse. Il ne fait qu'obéir à la loi du progrès dont relèvent ici bas toutes choses. Nos artistes suivent l'impulsion générale, rien de plus ; ils quittent les chemins battus pour chercher des routes nouvelles. Où est le mal ? Consolezvous donc de les voir abandonner ces *vieilleries* (il montrait du doigt de superbes *kakémonos*) ils vous donneront autre chose, n'ayez crainte. Nos artistes marchent avec leur époque et sont fils de leur temps. Ne manquez pas de visiter à l'exposition de Kiôto la section des Beaux-Arts. Vous verrez alors ce que nous savons faire.''

L'orateur sortit. Dès qu'il eut le dos tourné je demandai aussitôt : '' Quel est ce Monsieur.''?

—'' C'est un peintre,'' dit quelqu'un.

—'' C'est un imbécile,'' répondit un vieillard.

Je m'en étais un peu douté. Les *vieilleries* traitées avec un si joli dédain par cet insupportable bavard étaient là, sous mes yeux. Sur un paravent datant d'un siècle une famille de cigognes nous livrait son intimité. Le père, un philosophe sans doute, reposait sur une patte et rêvait. Sa compagne, tout entière aux soins du déjeuner pêchait à grands coups de bec dans un étang voisin, tandis que les enfants, suspendus dans les airs, jouaient avec la brise. Le ciel d'un rose de chair s'harmonisait à merveille avec l'impeccable blancheur de ces cigognes que les caprices du vent, demain, emporteraient ailleurs. De peur de les voir s'envoler on se tenait à distance n'osant pas s'approcher de ces oiseaux que l'on sentait prets à partir. Plus loin, sur des écrans magnifiques, un paon étincelant faisait la roue au soleil ; un coq habillé d'or, les plumes étalées et la crête en panache, passait ses cocottes en revue ; ailleurs encore sur des bouquets d'érables qui empourpraient le paysage, de gros papillons noirs,—de ces papillons aux robes de velours—dansaient une ronde éblouissante. Impossible d'imaginer quelque chose de plus frais et de plus gracieux. Il y avait dans tous ces tableaux une richesse de coloris, une finesse d'exécution, un luxe et en même temps une élegance de détails qui enchaînaient absolument les regards.

Vieilleries pourtant avait dit le jeune homme ! Et l'écho avait répondu : imbécile !

Je compris alors qu'il en était à l'heure actuelle, au Japon, des Beaux-Arts comme de tout le reste. La révolution économique et sociale qui depuis vingt-cinq ans bouleverse ce pays ne devait épargner aucune des branches de l'activité intellectuelle. Les générations nouvelles, les jeunes, sont pour le progrès à outrance. Les autres, les vieillards, et tous ceux qui, sans avoir des cheveux blancs, n'ont étudié ni en Europe ni en Amérique demandent au contraire qu'on oppose une digue au flot sans cesse montant des idées nouvelles et des innovations hasardées. Ces sages sont, chez ce peuple imberbe, les représentants des vieilles barbes. Il en résulte que les Japonais de nos jours peuvent se diviser en deux classes bien distinctes dont les goûts comme les aspirations diffèrent : les Japonais du Jeune Japon, et les Japonais du Vieux Japon.

Voyons maintenant de quelle façon les uns et les autres entendent diriger le mouvement artistique de leur pays.

Le dirai-je ? Je n'ai rencontré chez aucun Japonais une conception bien nette de l'évolution qui s'opère sous leurs yeux. Jeunes et vieux quand on les interroge à ce sujet s'en tiennent à des formules vagues. Les défenseurs des vieiles écoles me paraissent toutefois être dans le vrai lorsqu'il disent : nos productions artistiques ont fait dans le monde entier la richesse et la gloire de notre pays ; elles comptent en l'urope et en Amérique des admirateurs passionnés ; le *japonisme* qui n'était peut-être au début qu'un engouement est passé maintenant dans l'esprit même des foules. Du moment où l'Occident voue un culte si fidèle à l'art japonais c'est que l'Occident se reconnaît incapable apparemment de jamais l'égaler. Or, puisque nous avons le bonheur de posséder grâce à des procédés qui nous sont propres, une mine inépuisable de richesses artistiques, gardons-nous bien d'abandonner les anciennes traditions. Restons des spécialistes, les spécialistes du Beau.

Ne croyez pas que le Jeune Japon se laisse le moins du monde influencer par ces arguments. Il croit sincèrement que ses compatriotes ont le rare privilège, d'unir à leurs vertus natives toutes les qualitiés de la vieille Europe. "L'Europe, dit-il, a bien le droit d'être fière ! Ne lui disputons-nous pas en tout et pour tout la palme de la gloire ? Regardez plutôt ! Comme elle nous avons des généraux habiles, des hommes d'Etat consommés, des tailleurs à façon et des cordonniers à la mode, des médecins qui font mourir et des dentistes qui font fortune. Eh bien, nous aurons aussi des peintres, de grands peintres. L'âge des *kakémonos* est passé ; nous avons, mieux à faire qu'à travailler le cloisonné, qu'à fouiller les incrustations. Raphaël, que diable ! n'était pas un brodeur et Michel Ange n'a jamais fabriqué de laques. Cloisonnés, incrustations, broderies sur soie, laques, industries terre à terre qui ont peine de nos

jours à nourrir leur homme ! Notre tâche est
plus grande et notre but plus élevé ! L'idéal
nous appelle, c'est à sa recherche que nous
courons.''

* * *

Le Jeune Japon à essayé de tenir ses
promesses. Il vient de nous convier à Kiôto
à être les témoins de la rénovation artistique
du vieux Nippon. Un pavillon spécial de
l'Exposition qui se tient actuellement dans
cette ville est réservé aux Beaux-Arts. Le
salon de peinture est digne à plus d'un titre
d'attirer notre attention.

Je me propose aujourd'hui de l'étudier, non
pas, comme on pourrait le croire, pour le vain
plaisir de décourager des hommes animés peut-
être des meilleures intentions, mais simplement
pour faire ressortir par des exemples pris sur le
vif, qu'en, abandonnant leurs traditions, leur
grâce native, la forme diabolique de leurs
productions, tout ce qui, en un mot, constituait
jadis leur personnalité, les artistes japonais
sont en train de porter un coup fatal au génie
même de leur nation.

Dénoncer sans pitié ces contrefacteurs de
notre peinture, montrer l'inanité de leurs
efforts, souligner l'échec piteux qu'ils ont
essuyé de la part même de leurs compatriotes, c'est rendre, croyons-nous, un
service signalé à la cause du bon goût qui
compte encore dans ce pays des représentants si distingués. Comparer enfin ces
avortements artistiques aux productions si
puissantes du tempérament national c'est faire
éclater aux yeux de tous l'inconscience de ces
hommes qui ayant sous les yeux des modèles
de perfection n'ont pas craint de fuir leur foyer
d'inspiration, de traverser des océans, de

parcourir le monde dans tous les sens pour aboutir à ce résultat magnifique : l'imitation servile des procedés artistiques des nations mêmes qui tiennent en si grand honneur le talent et les œuvres des maîtres de la vieille école Japonaise.

* * *

Le Salon de Peinture de l'Exposition de Kiôto comprend quarante trois toiles et trois fusains. Ce n'est pas beaucoup comme quantité ; c'est moins encore comme qualité.

Les sujets empruntés à la guerre sino-Japonaise sont, comme il fallait s'y attendre, en assez grand nombre.

Depuis le commencement des hostilités avec la Chine nous avons assisté à une véritable débauche d'images, d'affiches, de prospectus et de cartons, retraçant quelque grande scène du drame ou de la comédie qui se jouaient entre les deux peuples. L'imagination populaire, surchauffeé par les journaux, a enfanté sous ce rapport des prodiges de grotesque. Quiconque a vu pendant ces derniers mois une ville de garnison se rappellera toute sa vie les joyeuses enseignes qui attiraient tous les regards. Dans cette bonne ville de Hiroshima, par exemple, tout épicier se respectant tenait à honneur d'offrir à sa clientèle en même temps qu'une livre de sucre ou qu'un paquet de chandelles le spectacle gratuit de l'aplatisse-ment de l'ennemi commun.

Quelques-unes de ces enseignes fantasti-ques étaient vraiment drôles et donnaient bien une idée de l'aveuglement qui prési-dait alors à toutes les manifestations po-pulaires contre la Chine. Cette manie d'exposer ainsi à la devanture un enne-mi déconfit gagna bien vite tous les métiers et toutes les professions. Personne n'était

. . . . Au bout de sa baïonnette le troupier nippon tient embrochés trois Célestes. . . . .

exempt de sinophobie. Un pharmacien,
pour ne parler que de lui,—et Dieu sait si les
phamaciens en tous pays sont des gens d'hum-
eur pacifique !—avait, entre deux lavements,
imaginé le tableau suivant : un troupier japonais venant à bout de six guerriers Chinois.
L'Archange Saint-Michel terrassant le démon
n'était rien auprès de ce terrible vainqueur.
Comment maintenant, vous direz-vous peut-
être, un homme, fût-il Japonais, peut-il venir
à bout de six gaillards solidement bâtis et
décidés à se défendre ? Rien n'est plus facile,
à en croire l'enseigne de mon apothicaire.
Regardez plutôt ; au bout de sa baïonnette le
troupier nippon tient embrochés trois Célestes,
jambes en l'air et queues au vent Et de trois.
A la crosse de son fusil il a attaché la queue
d'un prisonnier récalcitrant. Et de quatre. De
la main gauche il en tient un autre par le fond
de sa culotte. Et de cinq. Quant au sixième il
l'écrase purement et simplement d'un coup de
talon de botte. Et voilà comment on se débar-
rasse de ses ennemis, ce n'est pas plus malin
que ça !

Inutile d'ajouter que devant cette enseigne
la foule stationnait jour et nuit. Les hommes
la discutaient trouvant sans doute que, tant
qu'à faire, le troupier aurait bien pu compléter
sa douzaine de Célestes. Les femmes paraissaient fières de donner le jour à de pareils
héros. Quant aux enfants, on leur apprenait
en guise de prière du soir qu'un Japonais vaut
couramment, six Chinois. Comment ne pas
le croire ? c'était peint !

De la rue cette rage d'exhiber des sujets
guerriers devait monter à l'atelier. Rien
d'étonnant donc à ce que les peintres cette
année aient tenu à flatter l'orgueil national
en retraçant des scènes de cette guerre qui a
absorbé pendant des mois et des mois la vie
même de la nation. Ce qui doit seulement
nous surprendre c'est que les artistes ne se
soient par montré supérieurs aux imagiers

populaires, aux peintureurs de Hiroshima qui brossaient des victoires sur des sacs de pruneaux et fixaient sur le pain d'épice les traits des héros nippons. Il sont moins gais assurément que ces débutants naïfs qui représentaient

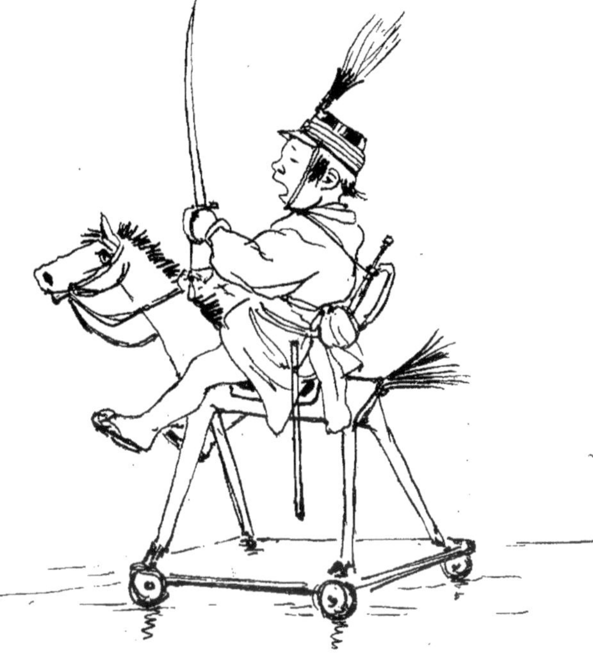

(Page 10)

sur des mouchoirs toutes les grandes épopées de la dernière campagne, et qui bien avant les diplomates avaient eu l'idée de mettre la Chine dans leur poche.

* * *

Voilà, par exemple, M. Arihoshi Hidéta qui nous montre un gamin déguisé en soldat.

C'est un sujet banal qui a été traité de la même façon dans tous les pays du monde. C'est partout le même moutard coiffé d'un képi, armé d'un grand sabre, enfourchant un dada de carton.

Chaque année, en France, à l'époque du carnaval, mon concierge, le vôtre, ou celui d'un ami s'offre ainsi la satisfaction de produire sur le boulevard sa progéniture habillée en cuirassier. La famille du cordon est dans la joie. La petit vient d'affirmer sa vocation. Il sera officier. Il est si intelligent ! et salue si gravement les soldats qu'il rencontre ! Au Japon, sous ce rapport, le carnaval sévit à l'état endémique. L'affreux petit bonhomme que nous représente M. Arihoshi nous le connaissons tous. Impossible de faire un pas dans la rue sans risquer de lui marcher dessus. Lui aussi sera soldat, officier, général peut-être, vainqueur de la Chine à coup sûr. Le Japon aujourd'hui militarise jusqu'à la marmaille. Jetez les yeux sur les boutiques de jouets d'enfants qui abondent dans ce pays d'amuseurs. Vous n'apercevrez que képis, que sabres, que fusils, que canons, qu'écharpes et qu'épaulettes. Vous verrez que d'ici peu les biberons eux mêmes affecteront une tournure militaire et que, dans l'avenir, les marmots à la mamelle auront tous un uniforme de pompiers. " Tout pour le sabre et par le sabre ! " telle est la devise qui se lit maintenant partout et qui fait qu' à l'heure actuelle tout galopin au Japon vous prend des airs de caporal.

La toile de M. Arihoshi est un vilain chromo, et rien de plus. Son talent fera sans doute comme son gamin, il grandira. Nous ne pouvons qu'en attendre l'éclosion. Nous sommes moins pressés, il faut l'avouer, d'assister à l'épanouissement physique et moral du petit Nippon qui joue aujourd'hui au soldat d'une façon si gaillarde. Ce jeune produit des nouvelles couches ne nous annonce rien de bon. Vous le retrouverez un jour, soyez en

sûr. A quinze ans, il sera étudiant et insul-
tera au passage les étrangers, les *Tojin*, dont
il aura sucé la haine à l'école. A vingt ans il
sera soldat, pour de bon cette fois, et rêvera
d'avaler le monde. Vers la trentaine il sera
électeur, député peut-être, et renversera les
ministères. Il est voué à la turbulence. Il
bataillera dans la vie comme il a bataillé dans
son enfance, et vous regretterez un jour, ô
Japonais, l'âge heureux où vos enfants igno-
rants du sabre ne connaissaient encore que le
sucre d'orge. Vous ne savez pas ce que vous
réserve cette génération de généraux de dix
ans !

* * *

Ne quittons pas les soldats puisque nous
avons commencé par eux : passons en revue
ces fiers troupiers vers qui sont maintenant
tournés tous les regards.

Vous avez peut être déjà entendu parler
d'un certain Alphonse de Neuville qui fit
jadis dans un petit pays appelé la France des
tableaux militaires fort appréciés de toute
l'Europe barbare. Un nommé Edouard
Detaille s'est également illustré dans le même
genre. Si des talents aussi obscurs étaient
capables de franchir les frontières de leur pays
je n'hésiterais pas à crier au plagiat devant
les deux toiles de M. M. Ishida et Kimura.
L'un de ces tableaux represente deux soldats
japonais tirant derrière une tranchée ; l'autre
nous montre un vieux dur-à-cuire nippon
appuyé sur son fusil et ayant l'air de dire.
" Le Héros, c'est moi !" Nous avons vu cent
fois les mêmes sujets traités. Il ne nous était
jamais arrivé pourtant jusqu'ici de voir sur la
toile des soldats en plomb. Ceux de M. M.
Ishida et Kimura ne sont pas autre chose. Ils
sont épais, lourds, ternes. On ne manquera

pas, je le sais, de me répondre que ces épi-
thètes conviennent à merveille au soldat japonais lui-même, et que le peintre par conséquent,
est resté dans la vérité en montrant le côté
mastoc qui frappe tout d'abord chez le guer-
rier nippon. Avez-vous déjà vu défiler un
régiment japonais, clairons en tête ? Ce spectacle qui a inspiré en tous pays de si belles
œuvres est au Japon absolument lugubre. Le

(Page 13).

clairon joyeux qui en Europe, électrise les
foules, fait passer du vif-argent dans toutes
les veines, et entraîne à sa suite les jeunes
comme les vieux, le clairon au Japon, n'est pas
autre chose qu'un instrument bâtard tenant le
milieu entre le mirliton et le cornet à bouquin.

Les Japonais l'ont importé d'Europe avec le
reste, mais il ne répond à aucun des besoins
de leur caractère. Leurs oreilles qu'ils ap-
pellent des *mimis* (allez donc sonner la Diane
à des *mimis* !) sont obstinément fermées

aux sons de nos fanfares. Ils ont pourtant des musiques militaires qui jouent la *Marseillaise*, " *God Save the Queen,*" *Fanfan la Tulipe*, et *l'Hymne Russe*. Et je connais des gens qui crient au prodige parceque ces petits Japonais naturellement réfractaires à notre harmonie s'attaquent sans sourciller aux maîtres anciens et modernes de notre musique nationale. Comme si nous n'avions pas vu jadis aux Folies-Bergères un orchestre de chiens savants exécuter la " *Marche du Tanhauser !* Un épagneul à lunettes tapait à tour de pattes sur la grosse caisse et je me souviens parfaitement qu'un gros terre-neuve dirigeait l'orchestre.

Le soldat Japonais est un excellent soldat, mais vous ne l'empêcherez jamais d'avoir l'air lorsqu'il marque le pas de traîner cent kilogs à chaque jambe. Il est essentiellement pesant. Il se trouve évidement très mal à l'aise dans son uniforme et l'on voit que ses godillots le font beaucoup souffrir.   Je trouve que M. M. Ishida et Kimura dans leurs deux tableaux ont très bien rendu cet état d'âme. Il faut déplorer toutefois que leurs personages ne se tiennent pas debout.   Tels qu'ils sont posés il doit leur être bien difficile de se servir de leurs pieds pour marcher.   Après tout, il vont peut-être sur la tête !

* * *

Avec M. Asaï nous restons encore sur le terrain de la guerre.   Il nous représente une scène de la prise de Port-Arthur.   Le sujet est des plus simples ; il est aussi des plus faux.   Des soldats Japonais montrent leur billet de logement, à un propriétaire chinois dont la porte vient d'être défoncée.   Sur le seuil un Chinois mort est étendu pour nous apprendre sans doute qu'il y a eu des tués à

des journalistes qui paraissaient écrire et des artistes qui avaient l'air de dessiner . . .

Port-Arthur. Nous nous en doutions déjà un
peu. On me croira certainement sur parole
si j'avance que les choses ne se passèrent
pas du tout aussi gentiment. Ce Chinois
qui a l'air tranquille d'un contrôleur de
théatre recevant des contre-marques n'a
jamais existé que dans l'imagination de
M. Asaï. En pays conquis, on mettait moins
de formes, jevous assure, à s'installer chez
l'habitant. Restait-il d'ailleurs à Port-
Arthur un seul Chinois vivant pour recevoir
les vainqueurs ? Les Chinois avaient fait le
vide dans leur ville et les Japonais les y avaient
aidés. M. Asaï n'a donc pas pu voir la scène
qu'il représente. On lui pardonnerait certes
cette légère entorse à la vérité si son tableau
mettait en relief une qualité ; une seule. Mais
tel n'est pas le cas de l'artiste, qui nous occupe.
Dans sa peinture tout est terne, sans mouvement, sans vie !

* * *

Je crois utile de dire en passant que le
public japonais avait quelque droit pourtant
d'exiger de ses artistes, à défaut de talent un
peu de sincérité. L'État-Major Général dési-
sireux de voir passer à la postérité les
hauts faits de ses armées avait convoqué à la
guerre le ban et l'arrière ban de la plume et
du pinceau. J'ai partout rencontré pendant
la campagne des journalistes qui paraissaient
écrire et des artistes qui avaient l'air de
dessiner. Où avaient-ils donc les yeux les
uns et les autres ? Je n'ai pas encore lu sur
la campagne un seul article intéressant d'un
de ces hommes qui par un rare privilège,
avaientobtenu l'autorisation de suivre l'armée.
Je pensais du moins que les peintres allaient
nous dédommager de l'impuissance des écrivains. J'en ai été-pour mes illusions. Artistes

et écrivains, ont perdu leur temps tout cet hiver. Pour arriver à produire ce qu'ils exposent aujourd'hui à Kiôto point n'est besoin assurément d'affronter les périls des sièges. Ils auraient pu aller au feu sans quitter leurs *hibachi*. Personne ne leur 'en aurait voulu. Ils n'eussent pas été plus inexacts.

Contemplez plutôt un champ de bataille tel que le comprend M. Haguda ; c'est d'une simplicité extrême. Six Chinois correctement alignés, sont couchés sur le dos. Pour tous la pose est la même. Cette scène dont le côté dramatique n'échappe à personne avait déjà tenté l'objectif d'un photographe. Les Japonais ont deux passions, la photographie et l'horlogerie. Ces Chinois morts ont donc été tirés à des milliers d'épreuves. Avisez-vous pourtant de le dire à M. Haguda. Il vous répondra du haut de ses *getas* :

"Monsieur, un peintre et un photographe font deux. Moi, je suis peintre."

" Mais pourtant, hasarderez-vous timidement, votre tableau est la reproduction exacte d'une photographie archiconnue."—

Quelle erreur est la vôtre ! répondra-t-il superbe. Regardez donc un peu. Les Chinois du photographe sont couchés sur le ventre.—

" Et les vôtres " ?—

" Sur le dos, tiens !" Ce n'est pas du tout la même chose, j'imagine."

Et en effet, M. Haguda a raison. Au lieu de représenter des Chinois étendus sur le ventre comme un vulgaire photographe il à élargi son horizon, annobli les caractères, dramatisé la situation, car ses Chinois, sachez le bien sont étendus sur le dos ! Jamais un photographe n'aurait imaginé une pose aussi délicate.

* * *

Depuis que j'ai entendu un jeune Nippon me dire très sérieusement après une minute d'en-

tretien: "Vous parlez très bien francais" ce qui
lui attira un remerciement—"Vous parlez
francais comme moi—ce qui faillit lui attirer
une gifle—je ne m'étonne plus de grand chose
dans ce pays.   J'avoue pourtant que le portrait de M. Matsuoka m'a laissé revêur. Comment un artiste qui connait évidemment son
métier, cela se voit à mille détails, peut-il en
arriver à commettre de pareilles hérésies artistiques? Ce sera toujours pour moi un mystère.

M. Matsuoka a peint le portrait d'un jeune
prince de la famille Impériale.

La mine de ce jeune homme qui est fort
belle, ma foi, lui valut jadis à Paris un très
grand crédit. C'est aujourd'hui, m'assure-t-on,
un officier rangé, studieux, et brave comme tous
les officiers japonais.   Devant l'image de ce
capitaine de la garde, sa lorgnette à la main,
l'air grave et content de soi, nous avons peine
vraiment à nous rappeler le joyeux viveur qui
défraya un instant la chronique galante de
Paris.   Loin de moi certes l'idée de reprocher
à cet aimable prince d'avoir eu le bon goût,
d'apprendre la langue française par la bouche
d'une jolie femme. Je n 'en veux pas au
prince mais à son peintre.   Je ne discute pas
sa vertu ; je ne fais que critiquer son portrait.

Or, M. Matsuoka a pensé que malgré son
uniforme, son képi, ses galons, il pourrait
encore subsister des doutes dans l'esprit du
public sur l'état de son modèle.   Alors, il a
tenu a bien préciser, et il s'y est pris de la
façon suivante : de chaque côté de ce portrait
qui est grandeur nature il a placé de tout
petits hommes. et de tout petits chevaux.
L'intention, n'est ce pas, éclate. Ces mirmi-
dons sont les cavaliers-joujoux dont le prince
a le commandement.   Nons avons donc un
capitaine énorme entouré de soldats minus-
cules tenant par la bride des chevaux de
Lilliput. J'ai le regret de chagriner M.
Matsuoka, mais je suis obligé de lui dire que
son idée n 'est pas neuve du tout. M.

Matsuoka a dû, dans le temps, fréquenter
chez M. Perrichon.   C'est ce brave homme,
parbleu ! qui lui a soufflé sa formule.   Il
voulait lui, un tout petit Mont-Blanc a côté
d'un Perrichon géánt.   Il a été compris au
Japon.   Quel dommage que M. Matsuoka
n 'ait pas continué à se montrer assidu dans la
maison.   Mr. Perrichon n'eut pas manqué de

donner sa fille à un homme qui professait
en matière artistique des opinions si conformes
à son idéal.

* * *

De tous les peintres que je viens de passer
en revue, de tous ceux dont j'aurai encore à
vous parier par la suite, je vous demande de
ne retenir qu'un nom, celui de M. Matsui.

Il est le seul, dans cette Exposition, qui ait accouché d'une idée. Si on peignait avec des intentions, au lieu de peindre avec des couleurs M. Matsui serait certainement un grand artiste.

Telle qu'elle est, sa toile ne vaut pas grand chose. Son dessin est très faible et son coloris n'existe pas. Son tableau pourtant groupe tous les suffrages des esprits délicats. On sait gré à l'artiste de s'être un moment détaché des préoccupations terre-à-terre qui constituent le fond de toutes les œuvres exposées pour s'élever un peu. M. Matsui a malheureusement très mal rendu une pensée éloquente. N'importe, au nom même de cette pensée il lui sera beaucoup pardonné.

Voyons son tableau. Comme tous ceux que nous avons examinés il a été inspiré par la guerre.

Une mère, entourée de son petit garçon et de sa petite fille vient de recevoir la nouvelle de la mort de son mari, officier dans les armées du Mikado. Ils sont tous trois assis à la japonaise, sur les genoux. Devant eux se trouvent étalés la tunique et le sabre du défunt que l'on renvoie à la veuve. Le mérite de M. Matsui, est tout entier dans la manière dont il a exprimé les sentiments qui à ce moment précis agitent cette mère japonaise, son jeune fils, sa petite fille,

Les Japonais qui, par politesse pour ne pas vous impressioner d'une façon fâcheuse, vous apprennent le sourire aux lèvres la mort de leur père, de leur mère, d'un enfant ou d'un ami, pleurent très rarement. An fait, je n'ai pas encore vu pour ma part un homme ou une femme verser des larmes dans ce pays. L'épouse que la guerre vient de faire veuve, nous cache donc sa douleur. Elle est stoïque, comme l'ont été d'ailleurs toutes les femmes japonaises au cours de cette guerre. Rendons leur hommage. Depuis Rome et ses matrones nous avions perdu l'habitude de trouver chez des

femmes de pareils exemples de courage
civique. J'ai eu souvent l'occasion de lire
au cours de la campagne des lettres qui m'ont
saisi par la grandeur des sentiments exprimés
par l'énergie qu'elles accusaient chez leurs
auteurs. "Un soldat qui se bat pour son pays
écrivait une femme à son mari ne doit jamais
s'attendre à retourner dans ses foyers." "Ne
songe pas à ta promise" disait une mère à son
fils, "te voilà maintenant le fiancé de la Mort!"
"Sois victorieux ou meurs" griffonnait encore

(Page 19.)

une aïeule à son petit-fils. La Japonaise, je
tiens à insister sur ce point, est énergique et
forte. Elle a au plus haut degré le respect
et le sentiment de ses devoirs, et elle oublie
volontiers qu'elle est femme, épouse et mère
pour se rappeler qu'elle doit à la patrie tout
ce qu'elle possède, y compris ses trésors d'affec-
tion et de tendresse. Sous une enveloppe très
frêle se cache une grande vaillance.

J'ai crû nécessaire de dire ces choses afin
de mieux faire comprendre le tableau de M.
Matsui.

Examinons ses personnages ; chez sa femme, pas un muscle du visage n'accuse le
chagrin ; elle tient à la main la lettre qui
lui apporte la fatale nouvelle et ses regards
ne quittent plus son fils. Le gamin comprend ; il se conduit déja en homme. Il sera
le vengeur de son père, il le jure sur les armes
qu'il a devant lui.   Un homme ne pleure pas.

(Page 22.

Lui non plus par conséquent ne verse pas une
larme.

Mais tant d'énergie ne saurait entrer
dans le cœur d'une petite fille ! La jeune
orpheline éclate en sanglots, et ces sanglots
sont à leur place dans ses yeux d'enfant. Ils
nous soulagent presque autant qu'elle ! En
regardant cette enfant pleurer, et pleurer de si
bon cœur, nous sentons peut-être en nous se rou-
vrir une ancienne blessure. Les larmes sont
parfois de si chères compagnes ! J'admire la

fermeté que déploient dans le malheur cette
mère et son fils, mais je trouve autrement
grande, autrement humaine l'explosion de la
petite fille.   Elle pourrait être notre com-
patriote, cette petite, et c'est parcequ'elle

(Page 23.)

ressent le chagrin comme en le ressent
chez nous que nous l'aimons surtout. Oui,
c'est bien ainsi que pleurent nos enfants
pour un père mort ou un polichinelle cassé.
Je suis sûr que si M. Matsui avait seulement

eu la bonne inspiration de faire peindre son
tableau par un peintre le Jury n'eut pas été
embarrassé pour lui décerner la médaille d'or
du Salon.

* * *

Il est impossible de terminer l'inspection
de cette galerie de tableaux militaires sans
vous dénoncer le triptyque de M. Nakagawa.
Qu'est-ce que le dessin a donc pu faire à M.
Nakagawa pour être traité par lui de la sorte ?
Son panneau de droite a la prétention de nous
montrer un officier blessé au plus fort d'une
mêlée. Il a reçu une balle dans le mollet.
Or, ce mollet bandé ressemble à s'y tromper
à un jambon de Mayence. On en mangerait.
Si M. Nakagawa changeait son genre et se
mettait sérieusement à travailler pour la
charcuterie, son avenir serait assuré. Ne
voulant pas paraître trop sévère à l'égard d'un
artiste certainement consciencieux je m'abs-
tiens de parler de ses deux autres panneaux qui
représentent d'ailleurs tout ce qu'on veut.

Il me resterait encore à vous dire un mot de
la toile de M. Naozo mais je n'en vois vraiment
pas la nécessité. M. Naozo nous offre une
scène de l'occupation japonaise en Chine.
Il peint n'importe comment un sujet qu'il a
puisé n'importe où. Il a eu le bon esprit du
moins de suspendre son tableau au dessus
d'une porte de sortie. On part en le voyant.

* * *

Nous en avons fini avec les sujets guerriers.
Ayons le courage de continuer notre pro-
menade et d'aller jusqu'au bout. Nous
allons trouver de tout sur notre route, de tout,
même de l'impressionisme.

Les représentants de l'école impressioniste
sont au nombre de trois.   De ce trio d'aveugles le plus à plaindre est sans contredit M.
Koumé.

Il faudrait un abat jour pour examiner à
loisir les folies de son pinceau.   On ne fixe
pas impunément des arbres bleus, des chiens
violets, et de l'eau rouge.   Malgré soi, les
yeux clignotent, les paupières s'abaissent.

(Page 25.)

" Voyons, disais-je devant ces toiles à un
Japonais qui m'accompagnait, répondez-moi
bien franchement :

Avez-vous jamais vu la nature sous ce jour-
là ?"—

" Non, assurément.

" Comment alors vous expliquez vous cette horrible façon de peindre ? ”

" D'une façon bien simple : l'artiste qui a peint ces tableaux avait de mauvaises couleurs. Vous pensez bien qu'il ne se serait pas amusé autrement à nous montrer des arbres bleus ! ”

Mais songez donc, excellent ami, qu'ils sont trois ici à peindre avec des mauvaises couleurs. Est ce là toute votre explication ?

" Je n'en vois pas d'autre.”

Et vous aimez cette peinture ?

" Oh, pas du tout ” !

" Et vos compatriotes ne la goûtent pas davantage ?”

" Pas davantage.”

Merci, je prends bonne note de vos réponses.

Je m'explique, quant à moi, d'une manière bien différente la présence au Japon de peintres impressionistes. Prenez mon hypothèse pour ce qu'elle vaut.

Les Japonais ont en général la vue très mauvaise. Vous ne rencontrez dans les rues que gens à lunettes—à lunettes de toutes les formes et de toutes les couleurs. Je ne serais pas autrement surpris qu'il en soit ici des habitants comme des omnibus chez nous et que chaque quartier ait ses lanternes particulières. Il est clair qu'un homme qui a sur le nez des bésicles rouges ne verra jamais les choses comme son voisin qui les perçoit à travers des verres jaunes. M. Koumé doit porter des lunettes d'un genre tout spécial ; les verres en sont certainement de couleurs variées. Il voit rouge de l'œil droit et violet de l'œil gauche. Il en résulte que sa peinture déconcerte forcément le rare public qui la juge simplement avec ses yeux.

Je ne crois pas du tout à l'avenir de l'impressionisme au Japon. Ici, d'ailleurs, les novateurs n'ont rien inventé. Il y a beautemps que ce peuple insouciant et léger a pris l'habitude de voir la vie en rose.

Nous ne sommes encore qu'en Juin. La nuit d'hier fut pourtant étouffante. J'ai ouvert mes fenêtres toutes grandes et j'ai dormi en plein air. A l'aube, la musique des cloches des temples vosins m'a réveillé. Elles se disaient bonjour d'une voix grave, lente, sonore qui, dans le mystère de la nuit fuyante, au milieu du repos de toutes choses vous pénetrait l'âme et l'emportait très loin.

Alors, dans un demi sommeil, je me suis trouvé transporté à mon tour dans un de ces vieux temples aux formes si imposantes, où tout est grand, solennel, et, devant les Boudhas ventripotents qui depuis des siècles sourient du même sourire aux générations prosternées, j'ai, à mon tour, agité le grelot. C'est la façon ici d'appeler sur soi l'attention des divinités. Le dieu, vous pensez bien, peut rêver, manger, dormir, travailler ou se distraire. Devant les autels alors on a disposé des grelots gros comme des têtes d'enfants attachés à des cordes énormes. On agite la corde légèrement ou fortement selon les cas et Boudha vient aussitot. Le fidéle frappe alors des mains, baisse la tête, se recueille. Puis, il repart, marmotteur infatigable de prières sans suite qu' il adresse au hasard à des dieux qu'il ignore.

Ce temple, entrevu dans un rêve, vous le rencontrez au Japon à chaque pas. Il ne ressemble en rien pourtant à celui qu'expose au Salon M. Mazuno. Cet artiste doit être libre-penseur. Il imite ces gens farouches qui chez nous ne franchissent jamais le seuil d'une église mais attendent à la porte la sortie des morts, ceux qu'on enterre et ceux qu'on marie. M. Mazuno nous laisse seulement apercevoir l'entrée d'un temple. Trois bonzes se préparent à une besogne qu'on ne devine pas facilement. Il aurait pu, à mon avis, trouver des modèles aux mines plus expressives ; ses personnages ont le tort d'être quelconques. Les bonzes pourtant ne manquent pas dans ce

pays et ils ont en géneral une physionomie à
part.   Ya t'il au Japon plus de bonzes que
d'hommes ?   Ya t'il au Japon plus d'hommes
que de bonzes ? C'est, une question qui n'a
pas encore été résolue.

Le temple de M. Mazuno reluit comme un
sou neuf. C'est, il me semble, un défaut
capital dans un monument de ce genre. Je
crois avec Victor Hugo que le temps est aussi

un grand peintre et qu'il faut partout admirer
son œuvre :

> Non, le temps n'ôte rien aux choses.
> Plus d'un portique à tort vanté
> Dans ses lentes métamorphoses
> Arrive enfin à la beauté.
> Sur les monuments qu'on révère
> Le temps jette un charme sévère
> De leur façade à leur chevet.
> Jamais, quoiqu'il brise et qu'il rouille,
> La robe dont il les dépouille.
> Ne vaut celle qu'il leur revêt.

* * *

Avez vous déjà entendu parler du chien de
Notre-Dame-des-Bluets ? C'est, un animal

célèbre dans toute la Savoie qui a fait la re-
nommée d'un pays et la fortune d'une famille.

Une nuit, un incendie éclata dans Notre-
Dame et fit flamber la moitié du village.
Une vieille femme qui habitait seule avec
sa petite fille dans une maisonnette du
bourg, n'avait aucune idée du sinistre et
allait infailliblement périr dans les flam-
mes. Par bonheur, elle possédait un chien.
N'écoutant que son courage,—selon la formule consacrée—le brave animal fut en
deux bonds auprés de son lit, et la tirant
par la manche, il pût à temps l'avertir
du danger. Puis, il grimpa l'escalier, péné-
tra dans la chambrette où reposait l'enfant, et la saisissant par la chemise il
l'emporta saine et sauve dans la rue. Voilà
ce que raconte la légende.

La réputation de ce chien fut grande dans tout
le département, et sa maîtresse après l'avoir
promené et exhibé dans toutes les foires eut la
satisfaction de pouvoir doter honorablement sa
petite fille. Lorsque la pauvre bête mourut
enfin d'un os de canard qui lui resta dans le
gosier le conseil municipal assemblé jugea qu'il
était de la dignité de la commune de lui
donner une descendance digne d'elle. Après
avoir interrogé toutes les chiennes des environs
on finit par voir qu'on n'avait que l'embarras
du choix. Ce sauveteur avait été toute sa
vie un véritable Don Juan. On n'en garda
que plus fidèlement sa mémoire. Le village
n'a jamais eu d'enfants qui l'aient plus
honoré.

L'histoire du maître d'école de Nagoya m'a
involontairement fait penser au chien de
Notre-Dame des Bluets. Mais je vous jure
bien que devant la bêtise de certains hommes
on s'en veut presque de ne pas être chien.
Oyez plutôt les hauts faits de ce maître
d'école.

Nagoya est une ville de 150.000 habitants
située dans la province d'Owari Le

tremblement de terre de 1891 la bouleversa de
fond en comble. Le maître d'école de
l'endroit fut surpris par les soubresauts de la
terre qui, par endroits, s'ouvrait, béante. Que
fit alors cet homme héroïque ? Je vous le
donne en mille ! N'écoutant que son courage,
lui aussi, il courut dans la salle d'école,
décrocha le portrait de l'Empereur, le mit
sous le bras, et partit. Et c'est tout juste
si, pour ce beau coup, on ne lui a pas élevé
une statue.

Je n'hésite pas à le dire, je ne connais
pas, pour ma part, d'action plus ridicule que
celle de cet homme qui ayant une femme, des
enfants, des vieux parents peut-être, oublie
tout son monde dans un moment aussi critique pour ne songer qu'au méchant chromo représentant les traits du Mikado. Pour trois
sous, le lendemain même de la catastrophe, il
aurait pu se procurer une autre image. Il
faut plus de temps et plus d'argent, même au
Japon, pour se procurer un enfant.

Je persiste donc dans mon opinion. Le
chien qui sauve une petite fille est autrement
intéressant que le niais qui arrache aux flam-
mes une tête en carton—fut-elle celle d'un
grand Empereur.

Cette belle scène de la vie d'un peuple ne
pouvait manquer d'avoir les honneurs de la
toile.

C'est M. Matsuara qui s'est chargé de
faire revivre la grande figure du magister
imbécile. Le tableau qu'il nous présente n'est
guère fait pour attirer la sympathie à son
héros. Il nous montre le maître d'école dans
son escalier, tenant sous le bras une grande
caisse en bois qui renferme la précieuse image.
Cette caisse pourrait aussi bien contenir des
chaussettes, des mouchoirs, ou des caleçons.
M. Matsuara ne s'est pas un seul instant dit
que tout l'intérêt de sa toile résidait dans la
figure de l'Empereur et que son premier soin
devait être de nous laisser voir quelque chose

de la divinité sauvée, ne fut-ce que le bout de
son nez.

M. Matsuara s'est bien gardé d'éclairer
sa lanterne. Qu'arrive-t'-il alors ? Devant
ce personnage mal dessiné et peint avec de la
boue, dont tous les traits accusent la plus
grande frayeur, et qui porte une caisse sous
le bras, nous nous disons : " C'est bien ça ;

(Page 31.)

nous sommes en présence d'un cambrioleur
qui surpris au moment où il dévalise une
maison se demande de quel côté arrivent
les gendarmes."

Nous n'y sommes pas du tout pourtant.

A notre grande stupéfaction on nous ap-
prend que ce voleur est un maitre d'école,
que sa caisse est un portrait, et que

l'homme qu'il semble apercevoir dans le lointain n'est pas du tout un gendarme mais bel et bien son Inspecteur qui lui apporte sur un plat d'argent le Lotus académique—comme qui dirait nos palmes violettes.

* * *

Il est bien regrettable d'être guetté par le temps et d'avoir à compter avec la patience du lecteur. Je voudrais tant pendant que je le tiens par la main l'arrêter ne fût-ce qu'une minute devant chacun des tableaux exposés. Il n'y en a pas un qui ne porte avec lui son enseignement.

Allons donc au hasard où nous mène la foule, et contemplons avec elle les traits augustes d'un petit homme tout chamarré d'or qui de loin ne peut-être qu'un singe ou qu'un ambassadeur. De près, le doute n'est plus permis, c'est bien un singe. On l'a mis par erreur dans un cadre magnifique. Il est visible toutefois qu'une branche d'arbre ferait bien mieux son affaire.

Plus loin un aveugle chante sur un *samisen* cet orgue de barbarie des aveugles japonais. Ce tableau est un des moins mauvais de l'Exposition. Il y a dans la peinture de M. Watanabé du coloris, de l'harmonie, du mouvement. Son mendiant vaut certainement mieux que les deux sous qu'il demande.

Au tour d'un homme heureux maintenant. M. Ogawa met en scène un habitant du pays à la mode. Sur le pas de sa porte un vieux Coréen fume d'un air tranquille une de ces pipes interminables que les Japonaiss ont rêvé de supprimer, contre lesquelles déjà ils ont édicté des ordonnances. Je crois que les conquérants s'attaquent là à forte partie. Ce tableau trop léché nous montre d'une façon

bien évidente que les Coréens n'ont pas du
tout envie de casser leurs pipes.

* * *

Que signifie cet attroupement ? Devant
quoi donc sont arrêtés, bouche bée, les yeux
grands ouverts, tous ces hommes et toutes
ces femmes, ces vieillards et ces enfants ?
Vous l'avez deviné sans doute. Tout ce monde
rassemblé est en extase devant la toile de M.
Kuroda qui a pris soin de la désigner au passant par un gros numéro.

Il n'est pas permis d'ignorer le nom de M.
Kuroda qu'un évènement inattendu a rendu
l'homme le plus populaire du Japon. D'autres
en effet, ont gagné des batailles, pris des
territoires, signé des traités mémorables, mais
M. Kuroda a fait mieux.   Il a eu la gloire le
premier dans son pays de peindre une femme
toute nue ! Mais il y a femmes et femmes.
Retenez donc, je vous prie, ce détail essentiel ;
le monstre créé par M. Kuroda, dessiné sans
habileté, peint avec une lourdeur et une
gaucherie extrêmes, a la prétention d'être
une femme européenne nue. Jamais sujet
plus malheureux n'a été traité d'une façon
plus déplaisante.

M. Kuroda n'a aucune excuse pour avoir
commis un pareil attentat, je ne dirai pas à
la pudeur, comme un vulgaire clergyman, mais
simplement à la beauté. Il ne faut pas
songer à compter les aberrations de son
pinceau. M. Kuroda ne sait ni peindre ni
dessiner. On voit très bien qu'il a étudié
l'anatomie au Jardin d'Acclimatation en regardant longuement les ruminants à deux
bosses. Il n'est pas difficile de reconstituer la
famille de la femme qu'il expose. On sait
dès le premier coup d'œil que ses frères sont
fixés au Désert. Tout monstre qu'on soit
encore faut-il être un monstre un peu vraisem-

La femme nue de M. Kuroda.

blable. L'artiste japonais s'est tout bonnement moqué de ses compatriotes et il nous
parait utile que ceux-ci ne l'ignorent pas.

Surtout, pas d'équivoques, entendons-nous
bien ; je devine, parbleu, ce que va me répondre
M. Kuroda. "Est-ce que par hasard je n'ai
pas le droit de peindre une femme nue ?
Est-ce que vos peintres en Europe s'en gênent ?
Est-ce que le nu n'est pas partout tenu en
honneur à Paris, à Londres, à Berlin ?
Est-ce que enfin. . . . . .

Je ne laisse pas continuer mon aimable
interlocuteur. Je lui réponds bien vite : pour
faire ce qu'on fait à Paris, à Londres, à Berlin
faites-nous donc le plaisir, jeune ami, d'attendre
que le Japon soit au niveau intellectuel et moral
de la France, de l'Angleterre et de l'Allemagne.
Pourquoi d'ailleurs avez-vous tant de succès
aujourd'hui ? Est-ce pour avoir peint une
femme nue ? Non pas. C'est uniquement pour
avoir eu l'audace de déshabiller devant vos
compatriotes une Européenne. Vous avez
flatté sous une forme nouvelle l'orgueil des
badauds nippons. "Vous le voyez, disent-ils, les
Européens n'ont plus rien de caché pour nous.
Nous possédons les clefs de leurs arseneaux
comme les verrous de leurs boudoirs. Leurs
femmes ? Ah ! parlons en ! Tenez, les voilà !"

Je dois pourtant le reconnaître, M. Kuroda
n'en a pas fait accroire à tout le monde. J'ai
demandé à plusieurs Japonais ce qu'ils pen-
saient de son tableau. Ils n'ont pas hésité à
déclarer qu'ils le trouvaient à tous les points
de vue fort médiocre. Je leur ai alors posé la
question suivante :

" Pourquoi M. Kuroda n'a-t'-il pas peint
dans ce simple appareil une Japonaise ?

Un médecin m'a répondu très franchement :
" Parce que chez nous ce genre de peinture
ne serait pas du tout goûté et que le public
du coup se fâcherait tout rouge." Un notaire
enfin a eu l'audace de me faire l'aveu
suivant :

“ Parce qu’on ne voit jamais de femmes nues au Japon !

Oh ! Monsieur le Notaire ! Pas de femmes nues au Japon ! Mais je prétends au contraire que pas un pays du monde n’en offre de plus curieux spécimens aux yeux de l’amateur et de l’artiste. Le Nu ici s’étale en pleine lumière naturellement, simplement, et sans que personne ne songe à s’en offusquer. Regardez plutôt le spectale qu’offre une rue à la ville. Vous ne voyez que jambes à l’air, et que gorges au vent. C’est une procession ininterrompue de bras dodus et de mollets ronds.

Vous parlerai-je de l’heure du bain ? Vous n’oubliez pas qu’hier encore les bains au Japon se prenaient en commun et vous savez comme moi que dans certains endroits une corde sépare seule enc ore ces Messieurs de ces Dames. Je ne vous apprendrai rien non plus en vous disant que l’homme le plus important de son quartier n’est pas, comme on pourrait le penser, le commissaire de police, mais bien le *Sansuké* ou masseur qui pétrit de ses mains robustes toutes les dames du voisinage, et qui frotte avec une égale conviction l’épouse du notaire et la femme du sous-préfet.

Si ces exemples ne vous suffisent pas promenez vous donc un jour de grand vent. Vous verrez alors par vous-même que dans l’Empire du Soleil Levant, c’est surtout la lune qui se lève.

L’usage du pantalon est absolument ignoré même de celles qui portent les culottes dans leur ménage.

Le croiriez-vous pourtant ? c’est au nom de la morale, de la pudeur, de la décence outragées qu’une partie de la presse Japonaise s’est élevée avec véhémence contre l’exhibition de M. Kuroda. Oui, pour la première fois, nous avons entendu crier *Shocking* au Japon, et c’est à ce cri de ralliement que vient de s'organiser une véritable croisade contre le Nu au Salon.

L'autorité s'est émue de tout ce bruit fait autour d'un tableau, et M. Kuki, Commissaire Général de l'Exposition a demandé à M. Ogawa inspecteur de police à Kiôto de lui

(Page 35.)

expliquer comment le Comité d'admission avait été amené à accepter la toile de M. Kuroda. Bien mieux, peu de jours après le même fonctionnaire donnait l'ordre à l'inspecteur de faire enlever purement et simplement le tableau *Shocking*.

Ecoutez la réponse de cet excellent M.
Kuki, et voyez dans quel cruel embarras
se trouve le pauvre homme.

"Ce n'est pas, dit le policier, parce que je
partage les vues de M. Kuroda que je ne me

(Page 35.)

suis pas opposé à l'exhibition de son tableau.
C'est uniquement parceque, comme fonctionnaire je n'ai pas trouvé de motifs suffisants
pour exclure sa toile. On expédie tous les
jours d'Europe au Japon de grandes quantités

de statues nues en marbre et en bronze et des
personnages de marque ne craignent pas d'en
orner leurs halls et leurs salons. Ce genre
d'importation ne fera qu'augmenter par la
suite. Si demain une Exposition Uni-
verselle s'ouvrait au Japon nous irions au
devant de serieuses difficultés en nous
avisant de proscrire le Nu. Une pareille dé-
termination porterait un coup fatal aux collec-
tions d'objets d'art étrangers et pourrait
même nous priver complètement d'une section
des Beaux-Arts à notre Exposition. Au Japon
d'ailleurs, des images boudhistes et des
dessins d'artistes comme Hikiesai Utamaru et
Harunoba représentent des objets d'un
caractère beaucoup plus douteux que le sujet
de M. Kuroda. On vend couramment ces
dessins des maitres et ils sont partout repro-
duits. Pourquoi alors cette émotion autour
d'une femme nue à Kiôto ? Je n'en vois
qu'une raison, c'est que les gens de Kiôto
n'ont pas encore eu l'occasion de voir ce
genre de peinture. A Tôkiô, c'est bien autre
chose ; le public de la capitale est plus avancé
sous ce rapport et un pareil tableau ne pro-
voquerait aucune surprise. Je dois vous dire
qu'au sein même du Comité d'admission les
avis étaient trés partagés lorsqu'il s'est agi de
la toile de M. Kuroda. J'ai fait part de mes
vues à ce sujet à M. le Vicomte Enomoto
(ministre de Commerce, de l'Industrie, ce des
Beaux Arts) en lui déclarant que bien que ce
tableau dût soulever de vives critiques dans
le public je ne voyais, pour ma part, aucune
raison *scientifique ou officielle* pour empêcher
M. Kuroda de l'exposer.

Le Vicomte Enomoto a lui même sérieusement étudié la question et a décidé en dernier
lieu que rien n'empêchait l'exhibition de
pareilles œuvres. Si toutefois l'administration
pense qu'il est malgré tout nécessaire de faire
enlever cette toile, je m'empresserai d'exécuter
ses ordres.''

Telles sont les explications fournies par M. Kuki. Elles indiquent assurément chez leur auteur un naturel obéissant, mais elles ont le grand tort de ne pas mettre en relief les qualités d'un esprit ouvert.

Ce fonctionnaire se trompe, comme se trompe M. Kuroda, comme se trompent tous les Japonais de la nouvelle école en insinuant qu'un avenir brillant est reservé dans ce pays aux productions artistiques de la vieille Europe.

Les tableaux européens, quelque beaux qu'ils soient, ne peuvent au Japon trouver accès chez les particuliers, par la raison bien simple que les particuliers au Japon n'ont aucun endroit où les mettre.

Les maisons sont en terre et les murs en papier. Dans un pays bouleversé plusieurs fois par an par des tremblements de terre il serait fort imprudent de changer ce mode de construction économique et pratique. Les Japonais l'ont très sagement compris et le nombre de ceux qui possèdent des demeures européennes avec les salons et les halls que Mr. Kuki entrevoit dans ses rêves est très restreint. Je sais bien que tous les Ministères à Tôkio ont été construits sur le modèle de nos différents départements ministériels, et que l'Etat peut loger à ses frais un certain nombre de toiles pour décorer les différentes salles de ces immenses casernes L'Etat ne gagnera aucun lustre à ces sortes d'acquisitions et ne fera que payer très cher des peintres de Ministères qui ne vaudront jamais ses peintres en bâtiments.

Nous avons bien le droit, en effet de nous récrier contre les prétentions très exagérées des artistes japonais. Ces Messieurs, afin que nul n'en ignore, ont pris soin au Salon de Kiôto d'indiquer au bas de chacune de leurs œuvres la somme qu'ils en demandent.

C'est leur façon à eux d'exposer des toiles de prix.

Il jonglent avec les dollars comme d'autres

avec les boules. Derrière chaque tableau on voit
poindre le pignon d'un hôtel, et ces gens qui
ont soif d'art paraissent surtout altérés d'or.
Au prix où est le riz au Japon on ferait vivre
pendant une année une famille de dix enfants
avec l'argent que coûte ici la moindre croute.
Croiriez-vous, par exemple, que M. Kuroda
demande 3,000 yens soit 7,500 francs pour
sa femme qui ne vaut certes pas quatre sous ?

Je ne veux pas quitter cet artiste sans faire
à son sujet un aveu important. Je n'ai pas
dit de sa toile la moitié du mal que j'en pense.

Des souvenirs qui me sont chers me ratta-
chent en effet à M. Kuroda. Je l'ai autrefois
rencontré à l'armée mangeant du biscuit de
soldats et croquant des généraux en grande
tenue. Tout alors en lui annonçait un peintre
militaire de race. Il portait de grandes bottes
et poursuivait l'ennemi à coups de crayon. Il
m'a trompé sur sa vocation et je lui en veux
beaucoup.

Le trouvant hier sur ma route, une heure
après avoir écrit ces lignes, je n'ai pû m'empêcher de lui donner un avant-goût de mes
critiques.

Son visage s'est aussitot éclairé, et sans me
donner le temps d'achever il s'est écrié :
—"Vous avez dit du mal de moi ? Quoi
        donc ? Dites vite ?"
—"Oui, j'ai affirmé que vous étiez un mauvais
        peintre."
Il rayonnait.—"Et quoi encore ?"
—"Que vous aviez exposé une horreur."
Il exultait.—Et quoi encore."
Que vous mériteriez le fouet pour avoir exposé
        une pareille ordure.
Il ne se tenait plus de joie.—Et quoi
        encore ?"
J'ai jugé prudent de ne pas continuer car
je voyais deja le moment où M. Kuroda allait
m'embasser pour avoir dit de mal de sa
peinture.

Le lendemain nous avons déjeuné ensemble.

Il n'y a qu'au Japon où les rapports entre artistes et critiques soient empreints d'une pareille cordialité. Ici, les susceptibilités de l'artiste le plus chatouilleux s'évanouissent comme par enchantement devant une côtelette.

* * *

Qu'il me soit permis en terminant d'exprimer un regret. Je suis désolé d'ignorer la langue japonaise et le secret des caractères. Il m'aurait plû de m'armer d'un beau pinceau et

de transcrire sur la toile à l'usage des génerations Nippones le célèbre précepte du poëte:—

Mon verre n'est pas grand mais je bois dans mon verre.

Ce que je reproche surtout aux Japonais ce peuple si fier de sa politesse raffinée, c'est de boire à tout propos dans le verre du voisin. Cette fâcheuse manie finit par rendre tout à fait insupportables des gens qui ne seraient pas plus mal que beaucoup d'autres s'ils consentaient seulement à rester euxmêmes.

Dans son livre si intéressant sur le *Japon Contemporain*, Jean Dhasp, ayant à juger avant moi les peintres japonais s'exprimait sur eux en ces termes :

" Le Japon moderne aura beau faire, ce n'est pas en quelques années que se modifie le génie d'une nation, cette œuvre des siècles. Fabri-

quer un piano, posséder le mélange des couleurs, ce n'est rien : c'est là que finit le métier.
Mais tirer du clavier l'harmonieuse expression
des sentiments qui agitent l'âme humaine,
mais composer un tableau qui, par la pureté
des lignes, par la magie du coloris, soit la
vivante reproduction de ce que voient nos
yeux, de ce que touchent nos doigts, c'est là
que l'art commence.

Les Japonais feront la première de ces choses, difficilement la seconde.

Je sais que d'enthousiastes admirateurs du
bibelot d'outre-mer n'assignent pas de limites
au développement de l'art japonais, qui, à
leur avis, ne mérite pas seulement la première
place dans le genre décoratif. Je me permets
de recommander à ces apôtres d'une religion
nouvelle l'appréciation suivante d'un critique
étranger habituellement très favorable aux
Japonais : " Quelqu'un disait un jour que le
peintre Kyosaï a été le plus grand peintre de
corbeaux que la Japon, et peut-être le monde
entier, ait jamais produit. Cela ne rappelle-t-il
pas l'épitaphe gravée sur la tombe de je ne
sais quel artiste : " Ci-gît le Raphaël des
chats." Les Japonais sont, à n'en pas
douter, des Raphaël de poissons, d'insectes,
de fleurs et de gracieuses tiges de bambous
doucement caressées par la brise. Mais ils
n'ont jamais réussi à fixer sur la toile la " di-
vine forme humaine "; ils n'ont jamais su
faire revivre, pour la postérité, les grandes
scènes de l'histoire. Jamais, comme les grands
maître italiens, ils n'ont détaché les hommes
des préoccupations terrestres pour donner à
leur âme, perdue dans une extase d'adoration,
l'éblouissante vision du ciel."

Je m'en voudrais d'ajouter un seul mot à
ces lignes si justes. Elles résument admirablement à mon avis les observations qui
précédent sur l'évolution artistique du Japon
moderne.

Kiôto, Juin, 1895.

Après avoir critiqué comme il convenait ces chefs-d'œuvre de médiocrité et de mauvais goût je me trouve bien à l'aise pour dire un mot des œuvres vraiment remarquables que contient l'Exposition de Kiôto. Le comité d'organisation dans son inconscience a admirablement fait les choses. Il a placé côte à côte les contrefacteurs de la peinture européenne et les artistes restés fidèles aux anciennes traditions. Le public n'a qu'une porte à franchir pour comparer le savoir-faire précieux des uns à l'écœurante maladresse des autres.

* * *

Je connaissais M. T. Nashimura bien avant de connaître le Japon. M. T. Nashimura est un de ceux qui ont le plus contribué à faire apprécier en Europe cette fabrication de la broderie sur soie qui défie dans le monde toute concurrence. Il est un maître dans son genre et il faudrait des colonnes pour énumérer les pièces admirables qui sortent tous les ans de ses ateliers. Le pavillon des Beaux-Arts de l'Exposition n'existe en fait que par lui ; il a marqué cette fois encore au coin d'un goût impeccable des œuvres maîtresses dignes en tous points du passé artistique du Japon.

C'est une légende boudhique qui fait le sujet de la pièce la plus brillante de la collection exposée par M. T. Nashimura. La déeses de la Bonté assise sur un rocher, les pieds reposant sur des lotus promène sur le monde en bas un regard de pitié et d'amour.

Elle est entourée de tous ses attributs mythologiques, et séduit tout d'abord par le charme pénétrant qu'elle répand autour d'elle. C'est une vision qui repose et qui éblouit selon que l'on regarde son sourire gracieux ou que l'on fixe ses voiles étincelants. Les couleurs qui entrent dans la composition de ce tableau—car c'est un tableau, et le plus riche en coloris qu'il soit possible de rêver—ne se voient que dans le ciel lorsque le ciel aux couchants si capricieux s'enveloppe tout a coup de nuages diaphanes. L'or, le violet, le rose se fondent alors et s'harmonisent en un tout merveilleux. Oui, c'est bien ainsi que dans nos rêves nous habillons nos déesses ! Mais au prix de quel travail, de quels efforts persévérants, de quelle patience peut on arriver à fixer un rêve sur de la soie ? Seule, M. T. Nashimura pourrait nous le dire.

J'ai fort admiré également un sujet d'un genre tout différent épinglé avec une rare maestria sur le velours. Chikudo, le celèbre animalier, nous montre un aigle qui emporte un lionceau. La lionne, sur un rocher, assiste impuissante au rapt de sa progéniture. Des éclairs sortent de ses yeux et les poils de sa moustache se herissent comme des lances. La rage de la bête est admirablement rendue.

Tout à côté le temple de Kintakuji soutenu par d'énormes monolithes se mire dans les eaux tranquilles d'un étang voisin. Des canards au briliant plumage se trouvent là comme chez eux. Ils vont, viennent, se poursuivent et s'envolent dans un cadre d'une grâce infinie.

Maintenant, une scène. de Arashiyama. J'ai vu au Japon bien des cerisiers en fleurs ce printemps. Leur "neige odorante" a couvert un instant la terre puis le vent a soufflé sur ces fleurs qui ont été emportées bien loin. J'en eus un gros chagrin. L'amateur qui se rendre acquéreur des cerisiers de M. T. Nishimura ne connaîtra jamais mes regrets. Il aura dans son salon un printemps éternel. De quels prodiges la soie est elle donc capable ! Il ne lui suffit pas de nous montrer des fleurs, elle nous les fait encore sentir.

Il est impossible de parler des productions
artistiques du Japon sans avoir aussitôt à la
bouche le nom de M. S. Hayashi. Point
n'est besoin de venir a l'Exposition—où il
nous présente d'ailleurs de splendides collec-
tions d'œuvres d'art—pour connaître et apprécier M. Hayashi. Il suffit de parcourir
ses magasins qui sont de véritables petits
musées pour se rendre compte que l'Art a
depuis longtemps fixé sa demeure chez lui.
Dans cette cité dont on ne compte plus les
innombrables marchands de curios, d'objets
anciens et de pièces rares ; dans ce Kioto la
patrie de tous les temples M. Hayashi a élevé
un temple au bon goût. Il en est le grand-
prêtre et il surveille avec un soin jaloux les
moindres détails de son sacerdoce. Aussi, quel
régal pour les yeux que ces mille bibelots répan-
dus partout dans un fouillis plein d'élégance.
Que faut il choisir dans ce paradis d'ivoire ?
On hésite entre les cloisonnés de Chine, les
faïences craquelées en terre de Satzuma émail-
lées de motifs si délicats, les incrustations sur
fer et sur bronze, les laques inimitables dont
la fabrication, hélas ! se perd de jour en jour.
M. Hayashi est un démon tentateur et l'on ne
sort de chez lui que pour y revenir.

* * *

Les vitrines de M. Kin-Un-Ken méritent
elles aussi une mention spéciale. M. Kin-Un-
Ken qui est un grand artiste ignore le mercan-
tilisme. Les guides d'hôtel—cette peste du
Japon moderne—qui touchent leur petite
commission chez tous les marchands auxquels
ils procurent des clients et qui prélèvent
partout leur dîme, dans les temples et dans les
auberges, chez les bonzes et chez les proxé-
nètes, les guides d'hôtel ignorent et pour
cause, la maison de M. Kin-Un-Ken. C'est
le plus bel éloge qui je puisse faire de ce

fabricant qui n'a peut-être pas la clientèle de tous les globe-trotters mais qui peut du moins s'enorgueillir des commandes de tous les amateurs sérieux qui visitent ce pays. Respectueux des vieux modèles et uniquement préoccupé de reproduire les premiers maitres il ignore l'à peu-près et ne se soucie pas de fabriquer des objets d'art à bon marché.

A côte de son magasin il a eu la bonne idée de placer une annexe de son atelier. Là, sous les yeux des visiteurs, travaillent sans relâche des ouvriers consommés. Il ne faut pas moins de vingt ans d'apprentissage pour former un bon ouvrier en cloisonné.

Le cloisonné est un grand dévoreur d'hommes. Ces gens courbés sur la besogne ne tardent pas a perdre la vue et la santé. On s'use vite dans le métier et l'on ne se doute pas des victimes que fait chaque année cette industrie. Faites vous comme moi expliquer par M. Kin-Un-Ken ce qu'exigent de soins, de patience, d'efforts persévérants la production en apparence la plus simple. Vous aurez rarement l'occasion de vous instruire sous un maitre plus intéressant.

* * *

Je n'ai pas été étonné de trouver la foule réunie devant les virtrines de M. K. Inagaki. Ce fabricant de soie est universellement connu et apprécié. On me dit à l'instant qu'il est le fournisseur attitré de la Cour Imperiale du Japon. J'en félicite bien sincérement la Cour Imperiale. M. Inagaki qui a fait en Europe et en Amérique de longs séjours parle couramment le Francais, l'Anglais et l'Allemand. Les acheteurs trouvent un avantage réel à s'adresser a lui. Il n'a pas ici d'intermédiaires et se félicite de

traiter directment avec sa clientèle Européenne.

Chaque année M. Inagaki expédie dans le
monde entier des chargements de soies que
se disputent les différents marchés.

J'ai eu la curiosité de visiter à Kioto ses
magasins. J'en suis sorti comme d'un féerie
les yeux éblouis. M. Inagaki apporte dans
tous ses ouvrages une élégance, un fini, et
surtout une variété qu'il est difficile de sur-
passer. Sa réputation s'est étendue jusqu' au
Bosphore. Le grand-vizir visitant un jour le
Japon eut le talent de découvrir M. Inagaki
et le mérite de le nommer fournisseur de son
seigneur et maître le Sultan. M. Inagaki
travaille donc pour le Grand Turc. On
m'assure qu'il n'a pas à s'en plaindre.

* * *

J'aurais visité cette Exposition de Kioto en
aveugle si je n'avais eu la bonne fortune de
rencontrer sur ma route un guide qui ne devait
pas tarder à devenir pour moi un ami. Un
jour que M. Katsoutaro Inabata m'accompagnait dans mes promenades à travers les
différentes galeries de l'Exposition je m'ar-
rêtai devant une vitrine dont la disposition,
le parfait arrangement, le goût exquis, le
" chic " pour tout dire en un mot, devaient
frapper les regards d'un Parisien. Du coup,
je me crus transporté sur nos boulevards, car
devant moi apparaissait cette science de l'éta-
lage qui est la marque distinctive du commer-
çant francais. Rangées sur plusieurs étagères
se profilaient de longues lignes de bouteilles
de toutes les formes et de toutes les couleurs,
et tous ces beaux liquides avaient pourtant
des noms barbares.

J'eus bien vite l'explication de l'énigme.

M. Inabata, ancien élève du Gouvernment
Japonais, fit jadis un assez long séjour à
Lyon. Il a passé par les écoles industrielles
de cette ville et a terminé ses études pratiques
chez M.M. Guinon Marnas et Bonnet. Jamais
élève ne fut plus digne de meilleurs maîtres.

M. Inabata est aujourd-hui au Japon un
petit personnage. Il mérite a plus d'un titre
d'attirer notre attention.

Anciennement, on ne se servait au Japon
pour la teinturerie que des couleurs végetales ;
elles coûtaient fort cher. Les maisons
Allemandes plus avisées et plus instruites que
les maisons Francaises avaient bien vite
compris tout l'advantage qu'on pouvait tirer
d'une pareilte situation. En peu d'années
l'Allemagne réussit a monopoliser à son profit
tout le commerce de la teinturerie. M. Inabata
à son retour de France prit à cœur de faire
connaître la qualité vraiment supérieure des
matières colorantes françaises et il ne
négligea rien pour permettre à ses compatriotes de profiter des leçons de ses maîtres.
Lyonnais. L'industrie japonaise a pris de
plus en plus l'habitude de faire usage des
produits français. Aujourd'hui M. Inabata
est le représentant au Japon de plusieurs
graundes maisons d'Europe.

J'ai pris pour ma part un grand plaisir à
m'entretenir avec ce Japonais que connaissent
et estiment tous les Français fixés au Japon.
Il m'a longuement expliqué ce qu'il lui a
fallu dépenser d'énergie et d'efforts pour sur-
monter les obstacles que dressaient sur sa
route des concurrents redoutables. Et il m'a
dit en terminant:'' Dieu Merci, je suis maintenant au bout de mes peines, mais je vous
assure qu'au début j'ai eu affaire à des gaillards qui m'en ont fait voir de toutes les
couleurs.''

Dans la bouche d'un teinturier j'avoue que
je n'ai pas été surpris de trouver un langage
aussi coloré.

*
*   *

Ceci maintenant est destiné à mes lectrices.
C'est à leur intention que j'ai visité en détail
l'exposition de M. Kattei Sowa dont les
femmes, on peut le dire, ont fait la fortune.

Honni soit qui mal y pense !

M. Kattei Sowa est dans son pays un
des princes du grand commerce et je
connais peu de carrière aussi bien remplie
que la sienne. Les soieries qui sortent de
chez lui sont rechercheés de toutes les
élégantes, et je connais plus d'un mari qui
dans son for interieur maudit ce démon
tentateur dont les brillants étalages attirent
et fascinent.

J'ai rencontré cette année une Américaine
millionnaire (vous ne me croiriez pas si je
vous disais que j'avais rencontré une Américaine qui ne fut pas millionnaire) dont
le voyage au Japon n'avait qu'un but :
explorer dans tous les sens et fouiller dans
tous les coins les magasins, de M. Kattei
Sowa que l'on connait aux Étas-Unis sous
le nom du Paradis de la Soie.

Je renonce pour ma part à vous décrire
les merveilles entasseés dans les fabriques
que dirige à Kioto et à Tokyo M. Kattei Sowa.

J'engage tres sérieusement toutes les femmes dont les maris ne font pas les gros
yeux devant les grosses factures à visiter en
détail ces maisons rivales de leurs grandes
sœurs d'Europe.

M. Kattei Sowa habite à Tokio 9 Guinza Nicho-
mé Kiobassikou. Lorsqu'on a fait le voyage du
Japon on peut bien pouser jusqu' à Guinza
Nichomé Kiobassikou.

Ce n'est qu'un tout petit peu plus loin.

*
*   *

Ne vous effrayez pas des noms Japonais.
Gardez vous bien surtout de sauter les lignes

en m'entendant parler de la *Nippon Orimono Kaissia*, de Kiriu, près Tokio.

C'est tout simplement la plus grande fabrique de Soiries du Japon. Son Exposition à Kioto a fait sensation, et c'est à dessein que je l'ai réservée pour la bonne bouche.

Cette fabrique est montée par actions au capital de un million de dollars. Elle occupe une superficie d'environ quatre cent mille mètres carrés. Elle fonctionne avec 300 chevaux de force motrice dont 100 par la vapeur et le reste par l'eau.

Plus de six cents ouvriers et ouvrières sont occupés aux différents ateliers de moulinage, de teinture, de tissage et d'apprêt.

Le fondateur de cette vaste et magnifique industrie est M. Kirokou Saba, de Kiriu, qui appartient à l'une des plus vieilles familles du Japon.

La direction des usines à été confiée à M. Tokounaga un tisserand très renommé dont le nom fait partout autorité.

Enfin, M. Katsoutaro Inabata, déja nommé, a perfectionné les différents systemes de teinture cette vaste entreprise.

A l'heure actuelle plus de 2,000 métiers mécaniques construits en Suisse sont en pleive activité pour la fabrication des satins de l'haboutaï, du kaiky, des velours et des rubans.

Deux hommes d'initiative bien connus en Europe M. M. Abé et Niwa, de Tokio, sont chargés de l'administration générale de la *Nippin Orimono Kaissia*.

L'historique de cette fabrique n'est pas seulement intéressante elle est aussi par certains côtés absolument amusante.

L'an dernier, sur l'une des grandes scènes de Tokyo, on a pendant des mois joué avec le plus grand succès une pièce dont les cinq actes roulaient entierement sur cette Compagnie de *Nippon Orimono Kaissia*. Le principal rôle de cette comédie à tiroirs puisque

toutes les scènes se passaient dans un magasin
etait tenu par le célèbre acteur Sadandji. Ou m'assure qu' à la deux centième
représentation de cette pièce les affaires
de la Compagnie avaient doublé. Dans les
annales de la publicité ce genre de réclame
constitue assurément un record.

M. Francisque Sarcey n'assistait pas à
la première de *Nippon Orinomo Kaissia*
et c'est vraiment grand dommage. Il eut
suffi d'un de ses feuilletons pour sauver de
l'oubli les épisodes amusants, les scènes poig-
nantes, les situations dramatiques dont ne
devait pas manquer une tentative artistique
de ce genre.

Et puis, franchement, après avoir vu Sarah
Bernhardt dans *Hernani* on doit se consoler
difficilement de ne pas avoir applaudi Sadandji
dans *Nippon Orinomo Kaissia* !

9 782019 936365